Errores e Injusticias

en el Juicio y la Condenación

De Jesús de Nazaret

RESUMEN

1. Introducción
2. Historia de los Pueblos del Mediterráneo Antiguo
3. El derecho romano y judío en tiempos de Jesús
4. Contexto político y social del Imperio Romano
5. Procedimientos del derecho hebreo y romano
6. Análisis de ilegalidades procesales
7. Consideraciones finales
8. Referencias

RESUMEN

Este estudio se centra principalmente en el Juicio a Jesús, basándose en las costumbres y prácticas históricas, y la aplicación de las leyes. Aunque Jesús había despertado muchas dudas entre las autoridades de la época, debido al movimiento que hacía, los sermones que predicaba y las multitudes que lograba atraer. Para las autoridades/líderes de la época, tanto religiosas como políticas, Jesús comenzó a representar una amenaza inminente para el gobierno y los líderes religiosos. Debido al poder de persuasión que tenía sobre el pueblo, idearon un plan para eliminar a Jesús. Se escogió este tema debido a la gran controversia y polémica generada al tratar el tema, para conocer históricamente cómo debió suceder el famoso juicio de la historia, hablado e interpretado en los teatros y en la televisión hasta nuestros días. El objetivo es analizar los actos procesales de la ejecución de Jesús, desde la perspectiva del derecho hebreo y romano. El objetivo principal del estudio es identificar las fallas en la configuración de un debido proceso legal para que toda persona tenga derecho a ser procesada, juzgada y finalmente ser declarada culpable y sufrir las sanciones de la ley dentro de las normas.

Palabras clave : Historia del Derecho, Derecho Penal, Principio del Debido Proceso Legal.

ABSTRACTO

El presente estudio tiene como enfoque principal el Juicio de Jesús con base histórica de usos y costumbres y aplicación de las leyes. Aunque Jesús había despertado muchas dudas en las autoridades de la época, debido al movimiento que estaba haciendo. Los sermones que predicaba, y la multitud que lograba arrastrar. Para las autoridades/líderes de la época, tanto religiosas como políticas, Jesús llegó a representar una amenaza inminente para el gobierno y los líderes religiosos. Por el poder de persuasión que tenía sobre el pueblo. De esta manera, idearon un plan para eliminar a Jesús. La preferencia de este tema se debió a la gran controversia y polémica generada para tratar el tema, para conocer históricamente cómo debió suceder el famoso juicio de la historia, hablado e interpretado en teatros y televisión hasta hoy. El objetivo es analizar los actos procesales de la ejecución de Jesús, desde la perspectiva del derecho hebreo y romano. El estudio tiene como objetivo principal, identificar las fallas, en la configuración de un debido proceso legal para que toda persona tenga derecho a ser demandada, juzgada y finalmente a ser declarada culpable y a sufrir las sanciones de la ley dentro de las normas.

Palabras clave: Historia del Derecho, Derecho Penal, Principio del Debido Proceso Legal.

INTRODUCCIÓN

El procedimiento que condujo al juicio contra Jesús de Nazaret fue, sin duda, una demostración de la manipulación política y jurídica de la historia de la humanidad. Jesús, el Nazareno, su historia proviene de fuentes bíblicas, recogidas principalmente en los Evangelios del Nuevo Testamento.

Jesús de Nazaret demostró ser un revolucionario. Por eso fue acusado por los fariseos y luego procesado sumariamente y ejecutado debido a sus discursos aburridos y radicales. Fue condenado por Pilato y crucificado. La forma más cruel fue la pena de muerte.

El motivo de su condena, expuesto en lo alto de su cruz por los romanos. En el que demostró el motivo de su condena, como era costumbre en la época. En el caso de Jesús, "Rey de los judíos", como exigían los líderes religiosos y políticos de la época.

Los líderes religiosos, sacerdotes y sumos sacerdotes de la época vieron a Jesús como una amenaza para su liderazgo religioso. Esto llevó al gobierno romano a pensar que Jesús estaría tramando un golpe de estado contra el imperio. Esto significaba que Jesús se convertiría en una amenaza para los líderes religiosos y políticos.

Jerusalén, capital de Judea, centro económico de la región y centro religioso de los judíos. Era la tierra santa de los judíos y el sitio del Templo de Salomón. Debido a esto, judíos de todo el mundo emigraban a la tierra santa para cumplir con sus liturgias. Además, Israel en ese momento era un dominio del Imperio Romano.

Los jueces se basaban en los escritos de la Torá , el Talmud y la Misná , juzgando y aplicando la sentencia. [1]El Gobernador estaba dotado de poder político y jurídico, transmitido por el Emperador. En la época de Jesús, el Gobernador era Poncio Pilato y el Emperador era César Augusto.

Jesús fue sometido a dos pruebas: ante el Sanedrín, los 70 jueces, los líderes religiosos, y otra ante Poncio Pilato y Roma, el poder político de la época. Las acusaciones por parte de los líderes religiosos según la ley judía eran: *BLASFEMAR* , *VIOLAR el SÁBADO* y de ser otro *falso profeta* . Sin embargo, para el Imperio Romano estas acusaciones no eran válidas bajo la ley romana, ya que no violaban las leyes romanas.

Al presentar a Jesucristo para ser sometido al segundo juicio, el gobernador Pilato tendría que presentar nuevas acusaciones. Acusaciones políticas y acusaciones de amenaza al gobierno romano.

---

[1] Se trata de un conjunto de normas y tradiciones que orientaban la ley judía. Incluso hoy en día, este conjunto de obras legalistas sigue ejerciendo una fuerte influencia sobre este pueblo.

Los dos procedimientos del juicio estaban permeados de ilegalidades procesales desde la perspectiva del derecho de la época, y comparados con los actuales. Declararse rey, incitar al pueblo a no pagar impuestos al Imperio Romano, según algunas interpretaciones teológicas.

Detuvieron a Jesús de Nazaret la noche del jueves anterior a la fiesta de la Pascua judía. No era culpable de ningún delito, acusado sin pruebas, juzgado sin derecho a testigos, sin defensa y condenado a un pecado capital, la muerte.

Sometido a un castigo que no era equivalente al delito del que se le acusaba, pero la ira y los intereses de líderes poderosos, tanto religiosos como políticos, llevaron a que Jesús fuera crucificado.

Toda la legalidad y conocimiento que los jueces de la época tenían sobre la ley romana y judía fueron desestimados en favor de la venganza contra Jesús. "La justicia con los ojos vendados, no por su imparcialidad, sino con los ojos cerrados a la fuerza para que todos los actos y procedimientos pudieran ser manipulados con el propósito de legitimar el fin establecido por el poder."

1- HISTORIA DE LOS PUEBLOS EN EL MEDITERRÁNEO ANTIGUO

Para comprender este acontecimiento es necesario observar los contextos históricos del Mediterráneo antiguo.

El enfoque cultural permitirá una mejor comprensión de los hechos. En primer lugar, queremos señalar Mesopotamia, actualmente Irak, formada por sumerios, babilonios, hititas, asirios y caldeos, civilización considerada como la más antigua.

A lo largo de la historia, muchos de estos pueblos se multiplicaron y empezaron a destacar. Pero independientemente de sus características, tarde o temprano desaparecieron o fueron dominados por otros pueblos.

Hubo muchas invasiones en las civilizaciones antiguas. Algunos pueblos fueron conquistados y algunas culturas desaparecieron por completo en las distintas zonas del tiempo.

La cultura de la época en esa región de Occidente. Provenía de la herencia de pueblos antiguos. De manera política y religiosa. Desde Mesopotamia, época del rey Hammurabi, una de las figuras más importantes de la época y de la historia. Contemporáneo de Abraham, personaje bíblico.

Giordani (1996) ofrece un buen relato histórico de las personas que precedieron a la época de Jesús de Nazaret y que también lo sucedieron.

El autor afirma que las primeras civilizaciones se formaron después del descubrimiento de la agricultura, alrededor del 4.000 a. C. Estas civilizaciones se formaron alrededor de los ríos. Por ejemplo, Mesopotamia se ubicaba en las orillas de los ríos Tigris y Éufrates, Egipto en el Nilo, India en el Indo y China en el río Amarillo. Los sumerios (4000 a. C. – 1900 a. C.) A los sumerios se les atribuye el desarrollo de la escritura cuneiforme.

Creado inicialmente para registrar transacciones comerciales, fue utilizado por los sirios, hebreos y persas.

Uno de estos pueblos fueron los asirios, uno de los pueblos que habitaron Mesopotamia y formaron un gran imperio a partir de la ciudad de Asur . Este imperio llegó a ser conocido como uno de los más grandes y organizados de la región, surgiendo aproximadamente en el año 1300 a.C. y que fue hegemónico hasta el año 612 a.C.

La Civilización Asiria destacó por su ejército, debido al recurrente uso de la violencia contra sus enemigos.

En la historia de los asirios, Nínive fue una de las ciudades más importantes. Su existencia está recogida en la historia del profeta

Jonás, narrada en la Biblia. Nínive fue la capital de Asiria alrededor del 700 a700 a. C. donde se encontraba la Biblioteca de Nínive, construida por orden del rey Asurbanipal II.

Posee alrededor de 30 mil piezas en sumerio y acadio, en tablillas de escritura cuneiforme. Gran parte de lo que se sabe sobre Mesopotamia se encontró en los restos de esta biblioteca.

Los babilonios (1900 a. C. – 1600 a. C.) se asentaron en la región norte ocupada por los sumerios y luego conquistaron varias regiones de Mesopotamia. Destacó hacia 1750 a. C. el rey Hammurabi , que conquistó toda Mesopotamia, formando un imperio con capital en Babilonia.

Hammurabi se hizo conocido por su famosa legislación basada en la ley del talión (ojo por ojo, diente por diente).

Otro emperador que se hizo conocido por su administración fue Nabucodonosor, quien construyó jardines colgantes para complacer a su esposa. Bajo su mando se conquistó al pueblo hebreo y la ciudad de Jerusalén, donde permaneció cautivo durante 70 años, hasta que fue liberado por el rey Ciro de Persia.

La democracia, que significa "gobierno del pueblo", nació en Grecia. La idea era que todos los ciudadanos libres pudieran participar y debatir asuntos públicos. Como complejo de ciudades-estado, se caracterizaba por formas únicas de administración. Una de estas formas eran los juegos anuales que realzaban el carácter de la vida pública griega. Los Juegos Olímpicos eran un evento que ponía fin a las guerras, cuya continuación estaba prohibida.

Eran tan importantes que interrumpían cualquier negocio entre los griegos durante los juegos. Los griegos participaban en los juegos no con la intención de ganar dinero, sino para ganar la corona de laurel, que creían que era un regalo de los dioses olímpicos. Los griegos lo cuestionaban todo, y de estas preguntas nació la filosofía.

En la antigua Grecia vivieron muchos sabios, Tales, Demócrito, Pitágoras. Formularon ideas que la ciencia sólo llegó a comprobar miles de años después, lo que dio origen a otras ciencias, al método científico.

En Macedonia, Alejandro Magno, aún joven, se fijó un objetivo. Entrenó un gran ejército con técnicas avanzadas y expandió su dominio de Oriente a Occidente. Difundió la cultura griega por todas partes, llamada helenismo. [2]"Aquí conviene hacer una observación curiosa. Algunas obras generales que se centraban en el Derecho griego (como, por ejemplo, la notable " **Histoire de bien privado de ella República Athénienne** " , de Beauchet , 1897) tienden a exponer el tema del derecho helénico en el marco tradicional del

---

[2] el helenismo es una forma cultural impuesta por Alejandro, muy caracterizada por la colectividad de la cultura griega, así como por su lengua y valores. Un gran representante del helenismo es la polis griega .

derecho romano. Muriendo prematuramente y sin dejar herederos, llega a su fin durante la época clásica de Grecia.

El Imperio Romano tuvo una gran influencia en la historia de su tiempo. Pero en todo lo que la civilización occidental ha hecho desde entonces, se creía que todo lo que se decía, todo lo que se hacía y todo lo que se pensaba en los siglos siguientes tenía relación con los romanos.

El Imperio Romano fue uno de los más importantes de la historia. En sus inicios, Roma estaba gobernada por reyes, a los que se denominaba realeza. Cuando un rey moría, la élite se reunía para elegir a un sucesor. En Roma, el poder siempre estaba en manos de la élite, llamada patricios.

Los patricios eran ciudadanos que pertenecían a las familias más antiguas de la ciudad y que poseían riqueza y poder. Un grupo de patricios formado por los más sabios y experimentados formaba una especie de consejo que limitaba el poder supremo del rey. Este consejo era conocido como senado.

Con las revueltas de los plebeyos, que eran más numerosos y más pobres, exigieron más tierras y más alimentos. Los patricios decidieron conquistar más riquezas y más tierras. Formaron un ejército fuerte para expandir sus territorios.

Primero toda la península itálica, luego Grecia y luego todo el mar Mediterráneo. Con la expansión romana, al Senado se le hizo más difícil gobernar.

Pero un general romano sobresalió por encima del resto: el general Julio César, que marcó el comienzo de la época más gloriosa de Roma. Fue muy popular por sus logros y adorado por el pueblo romano. Sin embargo, debido a una conspiración del Senado, Julio César fue asesinado a puñaladas en las escaleras frente al Senado. Fue sucedido por su hijo adoptivo Octavio, quien adoptó el nombre de emperador César Augusto, poniendo fin a un siglo de guerras civiles y estableciendo una era de paz, prosperidad y grandeza imperial.

Siempre conquistando y expandiendo sus territorios. Formaron un ejército grande y poderoso en el mundo. Muchas de sus estrategias se basaban en ejemplos de Alejandro Magno, el conquistador de Macedonia. Conquistaron y dominaron desde Inglaterra hasta el río Éufrates. Mantuvieron su posición durante muchos siglos.

Los judíos antiguos resistieron por una creencia poderosa. Es posible decir que su perpetuación cultural se debió a su consolidación legalista de los mandamientos. La religión judía es la religión del libro y esto tiene mucho que ver con su historia. Creían que eran un pueblo elegido por Dios y su hegemonía, como los grandes imperios, era una premisa de la ley. Dios los colocaría por encima de todas las demás naciones. Esta es una promesa bíblica.

El personaje que dio origen a esta promesa fue su gran patriarca, Abram, de Ur de los Caldeos, que más tarde sería llamado Abraham. Según la tradición, fue llamado por Dios para heredar las tierras de Canaán. [3]Abram reunió a su familia y emprendió una peregrinación a las tierras de Canaán.

Pero esta tierra no era sólo una tierra fértil para los hebreos. Era la tierra prometida. La tradición señala que Abraham renunció para heredar la tierra. Sería una renuncia a todas sus creencias y religión en otros dioses y comenzó a creer en el Dios Yahvé, creador de todas las cosas, convirtiendo así a Abraham en el patriarca del pueblo hebreo.

Cuando el patriarca moría, el hijo mayor, el primogénito, asumía el liderazgo, y así sucesivamente. Isaac era el hijo mayor de Abraham, y uno de los hijos de Isaac era Jacob, quien tuvo doce hijos, de los cuales se formaron las doce tribus que recibieron el nombre de los hijos de Jacob, dando origen a las doce tribus, la nación de Israel.

La tradición judía cuenta que después del cautiverio en Egipto, hace unos 200 años, Moisés surgió como el libertador del pueblo

---

[3]La tradición apunta a una trama en torno a las conquistas de los pueblos en la antigüedad clásica. Las regiones fértiles fueron objeto de disputa entre grandes civilizaciones. No es extraño que los autores bíblicos señalen la conquista de Canaán como símbolo de la grandeza de Israel. Descubrimientos recientes demuestran que Canaán fue, de hecho, una mezcla de diferentes pueblos.

hebreo [4]de la opresión del faraón. Y vagó con ellos durante 40 años por el desierto. Según la tradición, Moisés recibió las tablas de los mandamientos llamadas el " **DECÁLAGO** ". Eran normas y principios que el pueblo debía seguir.[5]

Josué fue el sucesor de Moisés, quien asumió el liderazgo y cumplió vehementemente las leyes de Moisés. En un pasaje de la historia bíblica, Josué condenó, junto con los jueces, a toda una familia por desobediencia, lo que llevó a la ejecución en todo Israel.

Leyó en voz alta el Libro de la Ley para que todos conocieran las leyes de Moisés. [6] Con la llegada a la Tierra Prometida, la consolidación de la identidad hebrea se convirtió en una prioridad y parece que en este sentido, un rey sería el criterio para el inicio de la grandeza de una nación. Israel, que ahora estaba pasando por la segunda fase de los jueces, pasó a otra fase, la llamada monarquía.

El primer rey de Israel fue Saúl, al que le sucedió David, y más tarde Salomón, quien construyó el sagrado Templo, una de las obras magníficas de la época. Tras la muerte de Salomón, el reino se dividió, perdiendo fuerza y volviéndose más vulnerable. Hasta que el

---

[4]En su época se decía que era un nombre confuso y oscuro para la historia bíblica. Algunos autores apuntan a " habiru " , que significa gente sencilla. Todavía hay mucha controversia sobre esta nomenclatura. Es posible que el nombre esté vinculado a los esclavos. En tiempos de Jesús, esta nomenclatura estaba vinculada a "La gente del otro lado del río o Los que cruzan el río".

[5]El relato bíblico es una mezcla de mitos y tradiciones que, en esencia, se establecieron como un modelo concreto y tradicional de leyes para el pueblo judío. La veracidad de los hechos no es importante aquí. Apeguémonos a la tradición.

[6]Josué, capítulo 08 versículo 34.

rey asirio Sargón II invadió y destruyó Samaria, la capital del reino del norte de Israel, sobreviviendo el reino del sur, Judá. Comenzó la decadencia judía.

A continuación se narra la decadencia judía, que comienza con la invasión babilónica, que destruyó Judá y llevó al pueblo al llamado exilio babilónico. En el año 530 a. C., el pueblo judío fue liberado por los persas, [7]regresó a su patria y la reconstruyó, fortaleciendo aún más la convicción de que era el pueblo elegido de Dios.

A partir de entonces, la construcción de la cultura judía continuó, ya no vinculada a la nomenclatura hebrea de "HEBREOS". [8]Se establecieron durante 200 años, escribiendo y guardando sus historias y liturgias, y sus mandamientos a través de la Torá, entre otros libros, hasta que fueron subyugados por los griegos y más tarde por los romanos, quienes anexaron las tierras de Israel a sus dominios.

2- DERECHO ROMANO – "DERECHO ROMANO"

---

[7] Existe controversia sobre la fecha exacta de la salida del pueblo judío del exilio. En todo caso, la tradición del exilio babilónico se ha mantenido en un clima de transformación y sincretismo.
[8] Se define como una nomenclatura relacionada con las tribus de Israel. Hebreos se relaciona con el pueblo que vino del otro lado del río - el Mar Rojo. Posiblemente relacionado con el éxodo. Después del exilio, comenzaron a llamarse judíos debido a la hegemonía de esta tribu que, según la tradición, prevaleció sobre las demás.

La política expansionista romana se había establecido para conquistar muchos territorios. Llegó a ser sumamente rica y su esplendor era conocido en todo el mundo. Aun así, las tensiones sociales entre patricios y plebeyos eran constantes.

Los gobernantes siempre intentaban comprender las demandas sociales, las del pueblo. Creaban entretenimientos, políticas de bienestar, etc. El pueblo romano se entretenía con espectáculos de sangre, juegos y arte.

Durante la dinastía romana, conocida como realeza, Roma adoptó las leyes del Derecho Quiritario (derecho arcaico). El rey tenía una deidad, un dios, en su palacio, pues la casa donde vivían también estaba habitada por dioses domésticos, quienes tenían estas costumbres religiosas. Cuando salían de sus casas, solo salían con el pie derecho; solo se cortaban el cabello durante la luna llena y escribían en las paredes de sus casas para que los dioses los protegieran a ellos y a sus posesiones. Los cargos públicos eran designados según la voluntad de las deidades.

Las distintas clases sociales [9] en Roma tuvieron una gran influencia en los procesos sociales que configuraron la romanización europea de la época.

---

[9] Los habitantes de Roma estaban divididos en cuatro clases muy distintas: PATRICIOS, CLIENTES, PLEBEYOS y ESCLAVOS.

Los patricios, descendientes de Rómulo, eran familias patriarcales y sólo ellos tenían ciudadanía romana. Se les llamaba gente, poseedores de poder y privilegios. Los clientes eran extranjeros que vivían bajo la custodia de los patricios. "Eran personas que se sometían al poder de un jefe de familia (patricio), ofreciendo sus servicios y sus bienes a cambio de protección" (FIUZA, 2007, p. 39). Eran protegidos y dependían totalmente de los patricios. Los plebeyos eran pueblos diversos, provenientes de regiones lejanas. No formaban parte de las 'gentes', eran inferiores y pobres.

Sin embargo, durante el reinado de Servio Tulio, por ley los plebeyos consiguieron la ciudadanía y "ingresaban en las asambleas de centuriados , que se reunían en el Campo de Marte; pagaban impuestos y realizaban el servicio militar" (CRETELLA JUNIOR, 2007, p.26). Trabajaban hábilmente en el comercio, la agricultura y la artesanía.

Los esclavos eran la fuerza de trabajo responsable de prácticamente toda la economía romana de la época. Vivían bajo las órdenes de su amo o paterfamilias. [10] El núcleo de la sociedad

---

[10] La esclavitud era muy común en la Antigua Roma, a raíz de las conquistas de territorios vecinos. El número de esclavos en Roma era tan grande que surgieron varios términos para designar la coexistencia de esta clase de personas. Términos genéricos, que indicaban la condición de los esclavos sin considerar la función desempeñada por los mismos. Entre los términos, el más común era servus , que caracterizaba al esclavo desde un punto de vista jurídico o político, famulus (pronunciado " fámulus "), que indicaba al esclavo desde un punto de vista patriarcal, y mancipium , que designaba al esclavo desde un punto de vista económico, es decir, considerándolo como propiedad o mercancía. Posteriormente, el uso del término " famulus " pasó a designar al grupo de personas mandadas o poseídas por un solo amo, que en este caso sería el patriarca de la casa.

romana lo constituían las familias ricas, descendientes de las familias fundadoras de Roma, los patricios.

La figura del Paterfamilias era el estatus familiar más alto en la Antigua Roma, siempre un cargo masculino. El término es de origen latino y significa literalmente "padre de familia". El paterfamilias daba permiso a los miembros de la familia para casarse y cuando había peleas en la familia actuaba como juez para decidir sobre la discusión.

Del paterfamilias dependían todos los que vivían en la casa y la familia, incluidos los empleados y los esclavos. Todos le debían respeto y obediencia. Como tenía tanto poder bajo la ley romana, la ley lo autorizaba a disponer de la vida, vender como esclavos o matar a cualquier miembro de la familia.

Como era costumbre entre los paterfamilias, todas las mañanas acudían al foro para debatir los asuntos y conocer las novedades. Este lugar era conocido como el senado.

El Senado era el consejo en el que se reunía el paterfamilias para gestionar y dar su opinión sobre los asuntos de interés público. ***"El Senado tenía la auctoritas para asesorar al rey, cuando éste fuera convocado, y confirmar las decisiones de las asambleas"*** (FIUZA, 2007, p. 41). Y ejercía funciones consultivas como ratificar las leyes y decisiones de las asambleas.

Las normas y leyes eran muy serias en Roma; quien las violara podía perder todos sus bienes o la vida. Para saber lo que estaba permitido, no violaban las leyes establecidas por los patricios. Para ello, los plebeyos exigían a los patricios que redactaran un código con todas las leyes y que se registraran los cambios. Este código de leyes se conoció como el derecho romano. " Fueron **escritas en plena evolución social; fueron los patricios quienes las hicieron, pero a petición y para uso de la plebe"** (COULANGES, 2007, p. 334). Las leyes de las XII tablas se obtuvieron mediante protestas y revueltas de los plebeyos. Por ejemplo, allí se escribieron las leyes que determinaban cómo debían llevarse a cabo los procesos, los castigos para los deudores y el poder del padre sobre la familia.

Conjunto de normas jurídicas que regían al pueblo romano en diversos momentos de la historia, desde los orígenes de Roma hasta la muerte del emperador Justino en el año 565 d.C.

Todos los países del mundo toman como base el derecho romano antes de promulgar una ley. En Roma había leyes para casi todo: leyes para comprar y vender, leyes para viajar o navegar y leyes para contraer matrimonio.

Los romanos comprendieron que una lengua común era necesaria para controlar un imperio con una población diversa. Así, el latín cobró fuerza. Las fuentes del derecho en la dinastía romana eran dos: "la costumbre y la ley". Ambas estaban influidas por la religión.

Las costumbres son la autoridad resultante de un acuerdo tácito entre todos los componentes de la comunidad. ***"Uso repetido y prolongado de normas jurídicas tradicionales, nunca proclamadas solemnemente por el poder legislativo"*** (CRERELLA JUNIOR, 2007, p. 28).

Su organización política y judicial estaba compuesta por los cónsules, el senado y el pueblo, que se reunía en asambleas populares. Sólo había dos cónsules y mientras uno gobernaba el otro supervisaba. Con el crecimiento de la población romana, fue necesario dividir las funciones, antes concentradas en el " rex ".

Creando diversos cargos, entre ellos: cuestores, censores, curuis aediles , pretores, praeffecti jure dicundo y gobernadores provinciales.

Las principales características del Derecho Romano para su sistema jurídico son: positivismo, conservadurismo e individualismo. Tiene fundamentos teóricos divididos entre filosofía e historia y cuestiones prácticas.

Los conceptos básicos para entender el Derecho Romano, de un total de seis, son: ***jus, fas , justitia , aequitas , jurisprudentia y juris praecepta*** . Uno de los más importantes es ***la aequitas*** , una justicia ideal en el entorno social de una época determinada, basada en la igualdad material y en el enriquecimiento no injusto.

Por oposición al jus adquiere el significado de benignidad, benevolencia (**humanitas , benignitas , benevolentia , pietas , caritas**). (ALVES, 2018, p. 104).

Rodrigo Freitas Palma menciona en su obra que Jesús aplicó a Aequitas :

Jesús "...incluso asumiendo una posición legal apoyada en lo que los romanos llamaban Aequitas ."
(PALMA, 2006, Pág. 38)

La organización del Derecho Romano incluye la legislación escrita y **el Jus non scriptum** basado en las costumbres. El registro del código incluye: proyectos de ley sancionados por el Senado, plebiscitos, decisiones de senadores y las constituciones imperiales de la época.

Cezar Roberto Bitencourt menciona que: "El primer Código romano escrito fue la Ley de las XII Tablas, que contenía las leyes del talión y de la composición, que surgieron de la lucha entre patricios y plebeyos. Esta ley dio inicio al período de los diplomas jurídicos".

3 - LOS JUDÍOS – ASPECTOS LEGALES

El Imperio Romano se expandió conquistando muchos pueblos y territorios. A finales del siglo III d.C., fue necesario dividir el Imperio Romano. En la época del emperador César Augusto, al comienzo del gobierno imperial.

de Nazaret [11]. Según el relato, Jesús era una especie de maestro en Galilea y predicaba que con el amor radical era posible instaurar el reino de Dios, [12]alcanzar la salvación en el reino de Dios.

Poco a poco, la predicación de Jesús fue ganando adeptos hasta que se formó su movimiento. Hay una clara mención en la tradición cristiana de un movimiento mesiánico adoptado y apoyado por una multitud, pero se sabe que el movimiento era pequeño, pero en cierto modo incomodó a las autoridades judías.

Los líderes religiosos y políticos veían en Jesús un peligro inminente debido a sus discursos que denunciaban constantemente la corrupción de las autoridades judías. Vale la pena recordar que el movimiento de Jesús sufrió las consecuencias de la violencia romana cuando llegó a Judea, lugar donde se encontraba el mayor referente de la ley judía: el templo de Jerusalén.

---

[11]Ya existe un consenso entre los historiadores sobre la existencia y nacimiento de Jesús, así como su historia en la antigua Palestina.

[12]Históricamente, se habla claramente de Jesús como sanador y predicador del Reino de Dios. Vale la pena abordar aquí la cuestión de un Reino establecido aquí y ahora. El Reino de Dios no era algo que vendría, sino algo para ese momento que debía establecerse mediante el amor y la paz radicales.

Antes de hacer cualquier comentario, es necesario recordar que el pueblo judío se regía por tres sistemas jurídicos: El Talmud, acontecimientos y enseñanzas transmitidas oralmente de padre a hijo; La Torá o Pentateuco, los primeros cinco libros de la Santa Biblia: Génesis, Éxodo, Levítico, Números y Deuteronomio; y el Misnahs, un tipo de resumen emitido por el Sanedrín, la Corte Suprema del Pueblo Judío.

Algunos estudios históricos afirman que la Misná ya estaba vigente en el tiempo de Jesús cuando fue arrestado.

Según Hans KUNG (1976) Jesús se reveló como un elemento provocador, tanto de derecha como de izquierda. Sin el apoyo de ningún clan de la época, los fariseos, los saduceos, los escribas, los celotes o los esenios, fue un provocador en todos los grupos, rompiendo todos los esquemas.

Jesús de Nazaret, un revolucionario, dedicó su vida a predicar el cambio social en Palestina y el establecimiento del Reino de Dios a través del evangelio [13], dirigiéndose a los campesinos pobres y otras

---

[13] "El término tiene que ver con "buena noticia" o "buena nueva"…, representa la idea de dar buenas noticias a quienes sufrían los males sociales de la época. Sentido de que la política romana se caracterizaba por ser una máquina de crear pobreza, fruto de las invasiones romanas en otros territorios y de la multiplicación de los esclavos y de la falta de provisión de trabajos asalariados. La buena noticia aquí era informar a los pobres y miserables que su culpa era solo causada por la política romana y no por Dios, a quien atribuían tal desgracia. Jesús se presenta como un rey que, con el tiempo, al inaugurar su Reino, perdonó deudas, liberó prisioneros e instauró una nueva realidad social en la que la majestad era sobre su Padre. Ver Isaías 61.

personas oprimidas de su tiempo (CROSSAN, 1995), subyugados por el dominio del Imperio Romano y sus asociados locales de la élite judía, llamándolos a una revolución que sólo tendría éxito si partía de la conciencia de la situación de opresión en la que vivían.

La figura de Jesús es una de las más intrigantes, cuestionadas y discutidas de todos los tiempos. Se observa que la mayoría de los registros sobre Jesús se encuentran en la Santa Biblia, pero existen menciones hechas por tradición por historiadores y eruditos en algunas obras.

En cierto modo, las antiguas atribuciones extrabíblicas sobre Jesús han sido y siguen siendo motivo de discusión.

Existe mucha controversia al respecto, pues hay indicios claros de que la propia tradición cristiana interfirió en estos registros para hegemonizar la figura histórica de Jesús. Hay quienes insisten en que Jesús se limitó a propagar únicamente un mensaje religioso, sin ningún sesgo político o ideológico.

Entendida en el contexto político, económico y social de su tiempo, su predicación supondría la expectativa de la liberación política y social del pueblo judío.

Vale la pena recordar aquí la dimensión de propiedad que demostró Roma respecto del principio del debido proceso, aplicado a través del Derecho Procesal Penal, siendo algunos de estos el proceso público, oral y acusatorio.

La competencia jurídica fue otorgada al Gobernador por transmisión del Emperador, quien tenía **"*ius gladii*"**, es decir, el poder de vida y muerte. Poncio Pilato, en aquel entonces, era gobernador durante el período de Jesús. Gobernó Judea desde el año 26 a. C. hasta el 37 d. C., y fue mal visto por los judíos por sus actos de crueldad.

El emperador Tiberio nombró a Pilato para representar al Imperio Romano como gobernador en las provincias de Israel. Existían dos sistemas de derecho y religión. Le aseguró que los judíos tendrían libertad en sus asuntos legales y religiosos, excepto en los asuntos políticos.

Los judíos, un pueblo antiguo, comenzaron con Abraham, desde Ur de los caldeos, luego guiados y conducidos por Moisés a través del desierto, para heredar una tierra. El pueblo hebreo pasó por varios episodios en su trayectoria histórica, hasta heredar la tierra de Canaán, constituyéndose en un estado, una nación. Triunfando con el rey David y ampliando sus fronteras, prosperando con el rey Salomón, viviendo complejidades políticas y militares, sufriendo ataques, siendo poseídos por egipcios y asirios, invadidos por babilonios y persas , griegos, y por los romanos.

El Imperio Romano comenzó a dominar Jerusalén alrededor del año 63 a.C., cuando Pompeyo el Grande entró en la ciudad con sus legiones y la conquistó, sitiandola como centro de comercio de toda Judea, principal estación financiera y su mayor banco.

En el momento de la invasión romana, su población era de unos cien mil habitantes. Para los romanos era una ciudad pequeña e insignificante, "un agujero en un rincón", como la llamó el estadista Cicerón (107 a. C. – 44 a. C.). Pero para los judíos era la ciudad más singular, la más santa y la más venerada del mundo.

Jerusalén era la capital de Judea, la tierra santa de los judíos, bajo el dominio romano. Fue allí donde Jesús comenzó a predicar, al parecer alrededor de los 30 años, y según la Biblia, conmovía multitudes, curaba en sábado, prohibido por la ley judía, y expulsaba demonios.

Con los romanos dominando Israel, en una estrategia pacífica era necesario llegar a un acuerdo entre el gobierno/político y el poder religioso para que estos pudieran mantener su vigilancia sobre el culto judío, y en particular, sobre el Sumo Sacerdote. Esta figura tenía prestigio político además de religioso. Y podía decidir sobre todas las cuestiones religiosas del pueblo judío, haciendo cumplir la ley de Moisés enviada por Dios en las tablas de los 10 mandamientos.

Así, tras tomar el control de Judea, Roma asumió la responsabilidad de nombrar y destituir al titular de este cargo de Sumo Sacerdote, el líder religioso de los judíos, que se transmitía tradicionalmente por herencia sacerdotal, es decir, de padre a hijo en la línea de sucesión sacerdotal.

Como ya se ha dicho, la base jurídica del pueblo hebreo era la Torá, o Pentateuco, y sus libros, Levítico y Deuteronomio, establecían las leyes de convivencia social y moral, de cómo debía comportarse el pueblo de Israel en distintas situaciones. Sin embargo, es en el libro del Éxodo donde encontramos la obra cumbre de la Ley hebrea: el "Decálogo", los Diez Mandamientos. ***"…los judíos sustituyeron la idolatría de las imágenes y simulacros por la idolatría de un texto: la Torá, los cinco primeros libros de la Biblia atribuidos a Moisés"***, describe Leminski (2013, p. 161). Para los judíos, el cumplimiento de estas leyes era muy importante; se sentían bendecidos por poder cumplirlas.

Los jueces que aplicaban las leyes formaban el Sanedrín, del hebreo "**Sanhedrim**", que significa "**sentado juntos**", y estaba orquestado por el Sumo Sacerdote. El Sanedrín, "el Gran Consejo de los Setenta", como se lo conocía, compuesto por setenta miembros, era el tribunal judicial más alto de la nación judía, la institución religiosa suprema.

El Sumo Sacerdote en el momento del juicio de Jesús era Caifás . El cargo le otorgaba el deber de supervisar y asegurar el cumplimiento de la Ley de Moisés y de la Ley de Dios, tanto en el orden social como en el religioso. El poder del Sanedrín se basaba en la Ley Mosaica.

Es importante señalar que el tiempo es fundamental para entender la exposición, el lugar, las costumbres, la religión predominante y la política del tiempo de Jesús.

Se analiza la complejidad de la coexistencia de los dos universos judíos y el universo del Imperio Romano, al que estaba sometido Israel, entendiendo por qué Jesús tuvo que pasar por dos procesos. Se presentan las bases jurídicas de ambos derechos.

Los actos y procedimientos procesales del proceso y condena, la ejecución del Nazareno, desde la perspectiva del derecho judío y romano. Esta es una breve comparación con nuestro derecho actual. En palabras de Laminski :

"El impacto que su vida y su doctrina tuvieron en sus contemporáneos alcanzó tal intensidad que aún resuena hoy. Tal vez, ser Dios sea precisamente eso." (LEMINSKI, 2013, p. 134)

Lo que sí se sabe es que Jesús no conservó ningún registro propio, ni dejó ningún registro en pergaminos, manuscritos, rollos o papiros de su autoría.

Esta relación es plausible dada la cultura de la época. Los rabinos no escribían sus enseñanzas, sino que las enseñaban. La información sobre su vida proviene de fuentes de estudio e investigación, del Jesús histórico, de los evangelios conocidos con el nombre griego " Evangelion ", literalmente "buen mensaje". Son colecciones de textos del Nuevo Testamento, según la Biblia, los llamados evangelios canónicos.

Adoptados por la Iglesia Romana, que se organizó como un poder religioso y político. Son los libros atribuidos a San Mateo, San Marcos, San Lucas y San Juan, discípulos que caminaron directamente con Jesús, o discípulos de los discípulos de Jesús, excepto San Lucas, médico e investigador griego que fue a Jerusalén para investigar sobre Jesús. Pues el apóstol Pablo había predicado sobre el Nazareno al joven médico griego.

Uno de los juristas más respetados de la actualidad, juez y presidente del Tribunal Constitucional de Italia, (ZAGREBELSKY, 2011, p. 40), reflexiona en su obra " *La Crucifixión y la Democracia* ", sobre la autenticidad de los libros bíblicos: " *las Escrituras nos parecen hechas no de hechos humanos históricamente verificados ni de acontecimientos divinos, sino de espíritus humanos consolidados en dos mil años de diálogo con las generaciones que se reconocieron en ellas* ".

No hay razón para no reconocer en este espíritu una realidad y una verdad iguales a las de cualquier otra. Y no hay, por tanto, razón para cuestionar la veracidad histórica de los acontecimientos narrados, ni la filología de los textos".

Se sabe poco sobre la infancia y la adolescencia de Jesús. La historia de su vida comienza cuando tenía 30 años, en el río Jordán, para ser bautizado por Juan el Bautista. Hay un breve pasaje de su nacimiento, y su visita al templo de Jerusalén a los doce años con los sacerdotes y los magos de la ciudad.

La gente, las multitudes que Jesús dirigía, lo apreciaban. Sin embargo, la ira de los líderes religiosos crecía cada vez más.

Según los registros, Jesús logró reunir a más de 5 (cinco) mil personas, contando solo a los hombres mayores, capaces y libres, como era la costumbre en la época. Este número se puede multiplicar por seis. Teniendo en cuenta a las mujeres que no fueron contadas, los niños (al menos tres que formaban una familia, en promedio) que eran menores de edad, las hijas (mujeres jóvenes que no fueron contadas) y los ancianos que ya no fueron contados porque ya no producían.

Por eso la movilización del pueblo se intensificaba con cada aparición de Jesús.

El juez Cohn (1994, p. 98), en su obra ***"El proceso y la muerte de Jesús"*** , explica que había razones reales para que la gente quisiera a Jesús: hacía milagros, curaba enfermos, consolaba, era el redentor de los pobres y perseguidos, y de los castigados por la corrupción. Había motivos para que Jesús ganara el afecto y la devoción popular, y con ello, fomentaba la ira de los poderosos.

Considerado un " **perturbador** ". Jesús fue acusado, juzgado y sentenciado, sumariamente. Ejecutado como un criminal, un individuo. Por sus mensajes y sermones. Predicación radical, que aunque se enfrentaba a la realidad de la época, la sumisión al imperio romano. No se enfrentó a los romanos, porque predicaba sobre un reino espiritual.

Jesús fue condenado a ser crucificado por Poncio Pilato, la forma más terrible de pena capital en la época. El motivo de su ejecución fue expuesto por los romanos en lo alto de su cruz, pues era el " **rey de los judíos** ", según su predicación. Para los poderosos de la época, esta exposición no fue bien recibida, pues no hacía más que confirmar lo que Jesús decía en sus mensajes. El Nazareno pasó a representar una amenaza para el orden social impuesto por los romanos, por traer a su tiempo valores que no se correspondían con la realidad que vivía el pueblo y por proponer una vida de fantasía.

Hay que decir que el Imperio Romano, el imperio más poderoso que el mundo haya conocido, fue una de las organizaciones sociales más admirables que jamás hayan existido en el mundo.

De ellos tenemos modelos de derecho y de estructura jurídica que aplicamos hasta hoy. Jesús desafió, de manera intrínseca e ingenua, el poder del Imperio Romano y de los líderes religiosos judíos. Por voluntad propia, cumplió su martirio: no eligió morir. Pero, según algunos teólogos e historiadores, murió para cumplir las Sagradas Escrituras.

Las ilegalidades de los actos realizados para detener a Jesús, las ilegalidades procesales y procesales, y su ejecución de la pena de muerte en la cruz, a modo de ejecución. Esta obra explica la aclaración, en comparación con las leyes y derechos aplicados en la época.

3- PROCEDIMIENTOS Y PROCEDIMIENTOS PENALES HEBREOS Y ROMANOS

A partir de este breve estudio a través del tiempo y la historia, nos damos cuenta que la dinámica del acontecimiento que condujo a la condena y muerte de Jesús de Nazaret trascendió los parámetros de los procedimientos legales de la época para ser juzgado y condenado.

Primero llevaron a Jesús para acusarlo ante el Sanedrín, luego llevaron a Jesús para acusarlo ante Pilato. Por un lado, las acusaciones del sistema religioso, por el otro, las acusaciones políticas de rebelión.

El primer tamiz al que se enfrentó Jesús fue el Sanedrín, que era una acusación religiosa. Si los líderes religiosos lograban convencer a todos de que Jesús había quebrantado la ley de Dios recibida por Moisés, el Decálogo, fácilmente podrían condenarlo a muerte. Como hicieron con todos aquellos que se mantenían al margen de sus intereses.

Las principales acusaciones contra Jesús fueron: blasfemia, profanación del sábado y ser un falso profeta.

Las acusaciones en la Ley hebrea fueron hechas por Caifás, Sumo Sacerdote y presidente del Sanedrín, quien acusó a Jesús de un delito basándose en las siguientes cláusulas, como explica Thomas (2013, p. 221) en su libro ***"El juicio de Jesús: un relato periodístico de los acontecimientos que llevaron a la crucifixión"***: *"no tener el debido temor y respeto por el Nombre en su corazón, sino, habiendo sido movido y seducido por la instigación de Beelzebú, habiendo proclamado falsa y* *repetidamente, en esta ciudad y en otros lugares, tener autoridad y poderes que no poseía; habiendo blasfemado el Nombre y profanado el Templo; habiendo alterado, subvertido y transformado su constitución ; habiendo intentado provocar una insurrección por medio de varias declaraciones y acciones contra el Templo y contra el señor tetrarca, el soberano gobernante temporal".*

Blasfemia, este delito fue registrado en la **Misná** , cuando el individuo invocó el nombre de Dios **Yahvé** para sí mismo. Como relata San Mateo, Jesús dijo " ***que todos verían al Hijo del Hombre sentado a la derecha de Dios Todopoderoso*** ".

Las convicciones de Jesús de ser hijo de Dios, enviado por Dios, fueron lo que motivó la decisión de acusarlo de blasfemia.

Defensa sobre la blasfemia - Sin embargo, según la ley judía, las declaraciones no serían consideradas blasfemias, ya que no eran una negación del principio fundamental del monoteísmo, que no admitía ningún otro Dios para ellas. Sentarse al lado de Dios es la afirmación de un privilegio y no es una afrenta a Dios. Por lo tanto, no había nada criminal en las palabras de Jesús.

La siguiente acusación contra Jesús fue la de profanar el sábado, es decir, violar el sábado, día sagrado para los judíos que lo destinaban a la purificación. Y aunque se confirmase como delito, el castigo no sería la muerte ni la muerte en cruz, sino una pena de prisión de siete años.

Defensa por violar el Shabat - La ley que regulaba el Shabat era la **Mishná El sabbat**, al que se atribuyen varias indicaciones referentes al día sagrado habitual, reducía las actividades. Los casos de muerte y enfermedad eran excepciones. Quien los violaba era castigado como ejemplo. Jesús curó en sábado. Este acto no estaba tipificado entre su ley, no era un delito según la ley hebrea.

Otra acusación que el sistema religioso hizo contra Jesús fue que era un falso profeta. En la ley hebrea, ser un falso profeta se consideraba un delito.
Defensa de la acusación – Cualquiera que profetizara y las profecías no se cumplieran sería considerado un falso profeta.

El Sanedrín no pudo probar los cargos de blasfemia, violación del sábado y falso profeta. Sin embargo, condenó a muerte a Jesús por blasfemia contra Dios. Durante el juicio ante el Sanedrín, Caifás afirmó que, según Thomas (2013, p. 222), *"Jesús estaba explotando cínicamente a las masas con una enseñanza nueva y peligrosa que enmascaraba una conspiración para desestabilizar a la nación. Y tal vez incluso destruirla "*.

En vista de la situación, el Sanedrín no podía reunirse con urgencia, como informa la Biblia, ni en plena noche, sino que debía esperar hasta el amanecer para que los setenta convocaran la asamblea.

Y sin embargo, no pudieron hacerlo, porque **se acercaba el sábado. Shalom**, y las celebraciones de la gran fiesta judía, la Pascua. Deberían haber esperado hasta el fin de semana festivo para llevar a Jesús al concilio. Y llamar al pueblo a presenciarlo. Porque las audiencias eran públicas con participación popular.
Pero sabiendo que el pueblo apoyaba a Jesús, si hubiera convocado la asamblea, Jesús habría sido fácilmente absuelto por el clamor popular.

Sin embargo, sabiendo esto, lo hicieron en plena noche y con un número reducido de personas para intentar que la hazaña fuera legal.
Consciente de que las acusaciones religiosas no prosperarían ante el gobierno romano, porque no violaban la ley romana, según Zagrebelsky (2011, p. 85) informa : *"Pero los miembros del Sanedrín necesitaban la intervención de Pilato, ya sea porque no tenían autonomía para ordenar la ejecución de Jesús, o porque para ellos era esencial el apoyo de la autoridad romana por razones de política interna debido al temor de una rebelión con ocasión de la Pascua. La alianza con la fuerza romana era indispensable en ambos casos".*

Por tanto, habría que acusarle de otra manera para maniobrar desde el plano religioso a un plano político en el que los romanos podían ver en Jesús un peligro inminente.

De esta manera, Jesús fue acusado de incitar al pueblo a la revuelta incitándolo a no pagar los impuestos al emperador César Augusto y a proclamarse rey. Una acusación calumniosa contra Jesús. Sabían que consistía en el delito de " **perduellio** ", un delito contra la seguridad y el orden público. Tal y como recoge la ley de las XII Tablas.

Aunque el pasaje bíblico de Marcos 12:13-17 afirma que Jesús no provocó al pueblo para que no pagara impuestos, sino que el propio Jesús reconoce el rostro del emperador en las monedas romanas y ordena a cada persona *"dar al César lo que es del César y a Dios lo que es de Dios"*.

En cuanto a la acusación de proclamarse rey, sería alta traición según la ley romana y acarrearía la ejecución de Jesús. Sin embargo, la proclamación de ser rey sería la de ser Rey de los judíos. En un reino que no es físico y terrenal. Sino espiritual. Tanto es así que los romanos colocaron sobre la cruz en hebreo, latín y griego: *"Jesús de Nazaret, el Rey de los judíos"*.

En cuanto al delito de rebelión, basaron su argumento en la reunión de personas que lo acompañaron desde Galilea hasta

Jerusalén, debido a la gran celebración de la Pascua que se realizaría en la ciudad. Donde el evangelio de Lucas en el capítulo 23 versículo 05 registra que el grupo de judíos que llevó a Jesús ante Pilato afirmó que **"está causando disturbios entre el pueblo en toda Judea. Y comenzó en Galilea y ahora ha llegado aquí"**.

La detención de Jesús se produjo en plena noche del jueves, cuando se encontraba rezando cuando fue detenido sin orden judicial o incluso en flagrancia.

El encarcelamiento fue un acuerdo entre Roma y los judíos para mantener el orden social. Zagrebelsky (2011, p. 67) afirma: **"Estaba en juego un delicado equilibrio de poder, así como la preservación de la propia tradición política y nacional"**.

Leminski (2013, p. 201), **"Jesús a los treinta y tres años: Arrestado, acusado de agitar a las masas y reivindicar el reino, Jesús es torturado y ejecutado por las autoridades romanas, en connivencia con la aristocracia sacerdotal de Jerusalén"**.

De esta manera, Jesús fue condenado a muerte bajo pena de crucifixión. [14]Los romanos aplicaban esta pena directamente a las

---

[14]La crucifixión era un tipo de castigo que daban los romanos a los individuos de la clase social más baja. Generalmente, los romanos no escogían a un grupo para realizarlo. El acto no implicaba mucha preparación, como preparar la leña, etc. Era común exponer al condenado sobre cualquier trozo de madera, a veces sobre cruces en forma de "X", otras veces en forma de "T". Por lo general, se cruzaban dos trozos de madera y, cuando no, el condenado era clavado en árboles secos. Siempre en posición vertical y baja. El hecho de que el cuerpo estuviera siempre cerca del suelo (aproximadamente 50 o 60 centímetros) lo hacía propenso al ataque de los animales, que al oler la

clases bajas, a los esclavos, a los criminales violentos y a los delincuentes que participaban en sediciones.

La crucifixión siempre era precedida por tortura y flagelación. Thomas Gordon informa sobre la práctica romana de la crucifixión, comentando: **"La práctica romana consideraba que parte de la pena de la crucifixión incluía la degradación total de la víctima; la única concesión era que las mujeres eran crucificadas con el rostro hacia la cruz, pero también se las dejaba completamente desnudas"**.

Observemos que el proceso contra Jesús debe seguir los pasos del Derecho Procesal Romano. Después del vejatorio proceso llevado a cabo por el Sanedrín judío, no satisfechos, ataron a Jesús y lo llevaron ante Pilato.

Destacan que la ley romana exigía una acusación formal del delito imputado antes de poder arrestar a una persona. Hasta donde sabemos, no se dio ninguna orden para arrestar a Jesús.

Según el relato del Evangelio de San Mateo : **"Al amanecer, todos los principales sacerdotes y los ancianos del pueblo se unieron contra Jesús para custodiarlo; y lo ataron, lo llevaron y lo entregaron a Pilato"**.

---

sangre y la carne expuesta atacaban al condenado. Quizás esta sea una de las razones por las que Jesús era vigilado en todo momento por sus seguidores para evitar este tipo de bochornos al cuerpo.

Entonces Pilato inició el proceso según la ley romana. Los juicios se desarrollaban en la sala principal, en privado y con la presencia de los oficiales . Esta sala estaba separada de otras partes del edificio por una pared o cortina ; siempre que alguien era invitado a venir a testificar en el juicio, permanecía constantemente cerrada durante el proceso.

Pilato continuó interrogando a Jesús. Volvió de nuevo y la multitud gritó que no veían ningún delito en Jesús. Pero el grupo de sacerdotes y ancianos que estaba allí tenía hambre y gritaba a gran voz: ¡Crucifícalo, crucifícalo! En el Evangelio de Lucas vemos que: *"En verdad, no he encontrado en él nada que merezca la condena a muerte; por eso, después de haberlo castigado, lo soltaré".*

Pilato procedió a ordenar que torturaran a Jesús. El primer castigo que se le aplicó a Jesús fue la flagelación. En el estudio del Derecho Romano aprendimos que sólo se torturaba a esclavos y hombres sin capacidad legal. Como Jesús era considerado un Tabi (maestro en Israel), no podía sufrir un castigo tan severo como la tortura.

Cesare confirma Beccaria : *"los legisladores de Roma, que sólo enviaban esclavos a la tortura, una especie de hombre sin ningún derecho y sin ninguna participación en las ventajas de la sociedad civil"* .

La tortura romana utilizaba el látigo, un instrumento de tortura común en la antigua Roma, usado por los soldados para torturar a los condenados.

Consistía en ocho a doce tiras de cuero con un instrumento afilado en cada extremo, como trozos de metal, clavos o un trozo de hueso de oveja. La intención era desgarrar la piel del torturado, hasta el punto de perforar la piel, dejando al descubierto los huesos de las costillas, causándole dolor por las miles de heridas, la mayoría de ellas en la espalda.

Gordon Thomas explica de forma esclarecedora cómo se practicaba la tortura: *"Al prisionero le arrancaban la ropa y lo ataban desnudo con grilletes superiores e inferiores, de modo que su cuerpo quedaba arqueado contra el poste. Luego lo azotaban con un látigo, una tira de cuero con un trozo de metal o hueso de animal en la punta; según la ley romana, se podía golpear tanto la cara como los genitales. También existía la flagelación hasta la muerte, en la que se cortaba al hombre hasta el hueso y se dejaba con las partes del cuerpo colgando y las entrañas esparcidas por el suelo. Julio César había decretado que la flagelación era demasiado cruel para que la administrara un soldado italiano; el equipo de Pilato incluía a dos reclutas sirios que realizaban la tarea".*

Según Gordon Thomas, *"cada uno de ellos sostenía un látigo romano, hecho de tiras de cuero sumergidas en salmuera, y un látigo, cuyas correas estaban llenas de trozos de hueso y pequeñas bolas de metal con bordes afilados"*. *"La elección del instrumento era prerrogativa del comandante de la guarnición, que estaba de pie junto al puesto. 'Los ladrones en la cruz' habían sido brutalizados con el látigo romano. Para Jesús ordenó el látigo"*, la forma más terrible de tortura.

Cuando Pilato anunció que torturaría a Jesús para luego liberarlo, creó un camino más fácil para los gobernadores. "En el año 62 d.C., en Jerusalén, el procurador Albino ordenó la cruel tortura de un hombre conocido como Jesús, también, pero hijo de Ananías. Este otro Jesús era un pobre campesino y después de su adolescencia comenzó a profetizar en público, causando así una conmoción en aquella época. Vamberto Morais relata en su obra el contenido del castigo impuesto a Jesús "y Josefo dice que fue azotado hasta que aparecieron sus huesos. Con cada golpe del látigo gritaba *"¡Ay, ay, Jerusalén!"*.

Albino lo interrogó varias veces, pero también este Jesús guardó absoluto silencio. *"El procurador, considerándolo loco, ordenó que lo soltaran"*.

La ley y la justicia no estuvieron del lado de Jesús de Galilea en sus procesos. De hecho, no hay constancia de por qué hubo tanta urgencia en juzgarlo y sentenciarlo, condenándolo a muerte en la cruz. Tal vez con fines que nuestro entendimiento jamás comprenderá.

Dados todos los relatos históricos y libros canónicos, se entiende que hubo una verdadera IRREGULARIDAD y que Jesús salió del palacio de Pilato acompañado de su verdugo. y tres soldados pretorianos más, portando su cruz, que se convertiría en el objeto más venerado en el mundo cristiano.

Según Rui Barbosa, comenta el proceso ilegal ocurrido con Jesús: *"En el juicio instituido contra Jesús, desde la detención, tal vez una hora antes de la medianoche del jueves, todo lo que se hizo hasta la primera madrugada del viernes siguiente fue tumultuoso, extrajudicial y violatorio de los preceptos legales"*.

La crucifixión era una práctica muy extendida en la antigüedad. Existen informes sobre el castigo de la crucifixión en diversas formas entre varios pueblos del mundo antiguo, incluidos los griegos. Era un castigo tanto político como militar.

Entre los persas, la crucifixión se practicaba básicamente sobre los altos funcionarios y comandantes, y sobre los rebeldes. Los romanos la utilizaban sobre las clases más vulnerables y bajas, como los esclavos, los criminales violentos y los delincuentes involucrados en rebeliones.

El cuerpo de una persona condenada a muerte por crucifixión permanecía en la cruz hasta que se descomponía y era comido por los animales que llegaban a las partes bajas y por las aves. Bajar un cuerpo de la cruz después de la muerte era un privilegio, con mucha influencia, y requería de muchas súplicas e incluso sobornos.

Jesús sobrevivió seis horas en la cruz. Lo que hemos descrito no sólo se encuentra en los cuatro Evangelios, sino también en los libros desechados por los primeros Padres de la Iglesia en los Concilios de Nicea y Calcedonia. Todas estas fuentes sugieren que los acontecimientos ocurrieron en gran medida de manera manipulada por el poder político y el establishment religioso.

El procedimiento judicial contra Jesús no contaba con ningún dispositivo legal que le imputara un delito, violando así uno de los principios importantes del derecho: *" **Nullum crimen "sine lege"*** – (No hay delito sin una ley anterior que lo defina).

No se definía el hecho típico del delito del que se acusaba a Jesús. No se distinguían los cargos en los actos de Jesús. Antes de su arresto debería haberse formulado una acusación. Debería haberse emitido una orden de la autoridad competente.

Esta ausencia iba más allá de lo que establecía el código penal romano. Deberían haber presentado una acusación formal ante el Sanedrín, si no hubo acusación formal por parte de las autoridades.

Se ajusta a las normas de procedimiento. Deberían haber enviado una notificación al Templo para su publicación. Requisito previo para el procedimiento penal del Sanedrín.

Analizaré el comentario del presidente de la Corte Suprema, Mac Ruer, que resume con precisión las ilegalidades procesales: *"Aunque estaba arraigado en la ilegalidad... Fue una farsa de procedimiento judicial en todo momento. Jesús fue arrestado ilegalmente e interrogado ilegalmente... El tribunal se reunió ilegalmente de noche. Nunca se hizo ninguna acusación legal, apoyada por la evidencia de dos testigos... Cuando Jesús compareció ante el tribunal, fue condenado ilegalmente a muerte debido a las palabras que salieron de su propia boca..."*

Las ilegalidades procesales de la ley hebrea, las leyes de los hebreos, han revelado numerosos errores. El célebre Rui Barbosa (1957, p. 185), proclama la ilegalidad del proceso nocturno, que las leyes hebreas no permitían, los falsos testigos agravaban el escándalo, captado por la propia autoridad, en la que debía ser la primera en proteger al acusado.

El proceso contra Jesús no siguió ningún ritual. El tribunal debía recibir la acusación y hacer una lista de los acusados en la pizarra. Luego comenzaba el interrogatorio sobre las acusaciones. Si no había confesión por parte del acusado, el pretor llamaba al acusador y al acusado para reunir pruebas. Esto solía durar 30 días.

Para formar el jurado se programó una audiencia aproximadamente 30 días después de recibirse la denuncia. La decisión se tomó por votación de los jueces. Jesús fue juzgado por Pilato. No hubo pruebas ni testigos contra Jesús. Según la ley romana, admitir una mentira era severamente castigado.

En la obra de Cohn (1994, p.131-132) aborda que: "Había una ruptura en la acusación legal: el acusador normalmente hacía su acusación ante el magistrado verbalmente, presentando testigos para probar su afirmación, estos eran responsabilidad del acusador y no del tribunal".

La pena impuesta en la sentencia era susceptible de apelación ante un órgano superior, pues el derecho romano establecía que la pena de flagelación estaba prohibida para los hombres libres.

La ley de las XII Tablas establecía que la tortura sólo era aplicable a los ladrones sorprendidos en flagrancia y a los esclavos, y los romanos reservaban la crucifixión exclusivamente para los delitos de rebelión contra el gobierno romano.

Demostrando así que Jesús fue ejecutado cruelmente por el poder del sistema religioso y político de la época. La decisión de ejecutar la pena de muerte fue tomada por Roma. Y las acusaciones fueron hechas por los judíos.

Lo que llevó a Jesús a morir en la cruz fueron los dogmas y el realismo escéptico. Fue azotado y quedó con las carnes desgarradas y expuestas, en lo que algunos historiadores se atreven a decir que debido a la crueldad y violencia de los romanos, habrían quedado al descubierto huesos de su espalda.

Jesús llevó la parte horizontal de la cruz hasta el monte Calvario, donde sería clavado. Cabe destacar que para los condenados a la cruz, las partes tardaban aproximadamente entre 7 y 10 días en estar listas. Eran prácticamente hechas a la medida. Jesús tuvo que cargar y ser clavado en la cruz de Barrabás . Era la que estaba lista.

En el evangelio de San Marcos, capítulo 15 y versículos 33-34 describe que: *"Al mediodía comenzó a oscurecer, y toda la tierra quedó en tinieblas durante tres horas. A las tres de la tarde, Jesús clamó a gran voz: —" Eloi , Eloi , lemá sabactani ?" ("Dios mío, Dios mío, ¿por qué me has abandonado?")* . [15]Mojaron la

---

[15]Este grito mencionado por los evangelistas en la vida buena de Jesús parece caracterizar el abandono divino. Históricamente, Jesús parece haber esperado la intervención divina en el acto del sufrimiento. Este proceso ya era conocido por quienes conocían la historia del siervo sufriente o del mesías sufriente. La antigua profecía entre los judíos decía que el mesías se revelaría en un momento

esponja en vinagre en una caña y se la dieron a beber a Jesús. Jesús gritó y murió.

El oficial encargado de guiar a Jesús y verificar su muerte, le atravesó las costillas con su lanza, acercándose a su corazón para comprobar si Jesús estaba realmente muerto.

CONCLUSIÓN

De este resumen de los hechos, un breve análisis del procedimiento seguido para el juicio y la condena a muerte por crucifixión indica claramente que el mismo se llevó a cabo por razones políticas y religiosas, debido a la manipulación en todos los ámbitos e instancias, sustrayéndose, usurpándose todos los principios jurídicos.

---

de dolor. Sufriría la intervención divina y se revelaría al mundo. Quizás por eso Judas se desilusionó cuando pensó que entregando a Jesús vería su gran revelación.

La evaluación de las acciones de Jesús según la ley fue inmoral, injusta e ilegal. Fue arrestado sin culpa, acusado, juzgado y sentenciado injustamente. Finalmente, fue ejecutado sumariamente.

Fue brutalmente ejecutado por el Estado, los poderes políticos y religiosos, por protestar contra los dogmas religiosos, denunciar la corrupción del templo e influir en las personas hacia la metanoia . La acción de Jesús de Nazaret fue inocentemente justa, legítima y con enseñanzas de amor al prójimo.

El Derecho Romano se convirtió en un pilar para el ordenamiento jurídico de todo el planeta, evolucionando con el tiempo lo suficiente como para diferenciar los elementos subjetivos de la infracción, dolo o culpa, podemos decir que tiene un aporte a los principios del derecho sobre los delitos dolosos y culposos.

REFERENCIAS

ALVÉS, José Carlos Moreira. **Derecho romano** . Río de Janeiro: Forense, 2018.

BARBOSA, Ruí. **Obras Completas de Rui Barbosa** . Río de Janeiro: Casa de Rui Barbosa, 1957.

BECCARIA, César . **De Delitos y Castigos** . São Paulo: Martín Claret , 2007.

BIBLIA, portugués. **Santa Biblia** . Traducción de João Ferreira de Almeida. Santo Biblia . 2000.

BITENCOURT, Cezar Roberto. **Manual de Derecho Penal: Parte General,** vol. I., 7ª ed., São Paulo: Saraiva, 2002.

COHN, Haim. **El Juicio y Muerte de Jesús**. Traducido por Henrique Mesquita. 2da edición. Río de Janeiro: Imago, 1994.

CROSSAN, Jean Dominic. **El Jesús Histórico**. Río de Janeiro: Imago, 1994.

CROSSAN, Jean Dominic. **Jesús : una biografía revolucionaria**. Río de Janeiro: Imago, 1995.

COULANGES, Fustel de. **La Ciudad Antigua**. São Paulo: Martín Claret , 2005.

CRETELLA JR., José. **Curso de Derecho Romano**. Río de Janeiro: Forense, 2001.

GIORDANI, Mario Curtis. **Introducción al derecho romano**. Río de Janeiro: 3ª ed. Lumen Juris, 1996.

GUIMARÃES, **Affonso Paulo - Nociones de Derecho Romano -** Porto Alegre: Síntesis, 1999.

LEMINSKI, Paulo. **Vida: Cruz e Souza, Bashô , Jesús y Trotsky –** 4 biografías. 1ª Ed.

MIRANDA, **María Bernadete; El juicio de Jesucristo** : el mayor error del poder judicial – Vol. 8, Revista Virtual Direito Brasil, Número 1, 2014.

MORAIS, Vamberto . **El misterio de Jesús: Cristo a la luz de la religión comparada y de la historia**. São Paulo: Ibrasa , 1990.

RIBEIRO, Roberto Víctor Pereira. **El Juicio de Jesucristo a la Luz de la Ley**. 1ª Ed. São Paulo: Editora Pilares , 2010.

THOMAS, Gordon; **El proceso de Jesús: relato periodístico de los acontecimientos que llevaron a la crucifixión**. Traducido por Miguel Herrera. Río de Janeiro: Thomas Nelson Brasil, 2013.

ZAGREBELSKY, **Gustavo; La Crucifixión y la Democracia**. Traducido por Mónica de Sanctis Viana. 1ª Ed.

www.ingramcontent.com/pod-product-compliance
Lightning Source LLC
Chambersburg PA
CBHW040243220526
45473CB00001B/352